AF236870

Originalausgabe

Herstellung und Verlag: BoD - Books on Demand, Norderstedt
ISBN: 978-3-7526-8825-2

Berliner
Schnauze

Zuhause bei Mathias

Berlins Herzen

Berlin wiedersehen
in diesem, im nächsten,
im letzten Leben …

Berlin, alt und grau;
zugleich aus Gold gebaut.

Berliner Schnauze mit
Betonharter Schale:
Darunter ist verstaut;
Nein! Vielmehr sicher
Verborgen: das goldene Herz.

Utopia

Eine Stadt
Mit der Kraft
Besser zu werden,
Denn die Scherben
Schmerzen
Im Herzen.

Kiezig

Berlin,
das sind Millionen
heiße Frauen
und willige Kecks
wie mich mit Respekt.

Berlin,
das sind über tausend
Jahre Geschichte
und hoffentlich endlich
ein Happy End!

Erkenntnisse

Großstadt Almanach:
Einsamkeit bleibt
Selbst zu zweit.
Die Vielzahl sozialer
Möglichkeiten reduziert
Die Wahrscheinlichkeit
Echter Zwischenmenschlichkeit.

Gürtelspeckler

Speckgürtelkind
Zwischen
Urbanem Größenwahn
und
mystischer Natur.

Speckgürtel
bleibt undefiniert:
Nicht große Stadt;
Nicht Bauernland.

Perfekter Ort:
Zwischen den Extremen
Liegt innerer, besinnlicher
Frieden.

Gelbi

Bahn. Fahren.
Jeden. Tag. Massen.
Gemein. Schaft.
Klasse. Kasse.
Arbeitende.
Und. Ökologen.

Wir!

Jotwede oder mittendrin,
dazwischen Speckgürtel.
Menschen fühlen sich
dazugehörig. Jeder ist …

mein Zimmer

Ihr alle seid Menschen.
Wir alle fühlen und spüren
Und leiden in unserem Leben.

Warum? Warum? Warum?

Warum leben wir immer noch
In einer Welt, in der sich Menschen
Verletzen und hetzen und
Gegenseitig zerstören?

Kein Grund! Kein darum!
Es ist ungesund. Es ist dumm.
Es bringt unsere Menschlichkeit um.

Mille Grazie

Familientreffen.
Verhalten gestartet.
	Gemeinsam essen
Und Alkohol.

Langsam aufgetaut.
Lachen hebt sich.
Geschichten getauscht.
	Herzlich.

Gelbe Kunst und Kultur

Wie viel Güte steckt in
einem Augenblick?

Ein Moment im Zug und ich
seh, ich spür, ich fühl, wie viel Liebe
unter dieser dicken Schicht aus
Staub und Alltagstrott verborgen liegt.

Augen. Sitzbänke. Verstohlene Blicke.

Frühstück

Eine große Familie

                     um einen Tisch.

Das sind seltene

                     Augenblicke

In einer verwirrten

                     Welt.

Berliner Badeseen

Die Sonne brennt.
Hitzewelle.
Ihr Strahlen grell.
Bin durstig.

Ich bekomme Sonnenbrand
Und werde krebsrot.
Meine Freundin, schwarz,
Kommt aus einem anderen Land,
Lacht mich aus.

Innenhof

Ich sah einen Baum.
Er war aus Metall geformt.
Er stand in einer toten Stadt.
Sie haben es nicht gerafft.

Ihr Herz war kalt,
Wie aus Stahl geschweißt.
Ihr Lachen war so falsch.

Sie haben die Erde verramscht
Und sich selbst verkauft.
Lauf Bruder; lauf!

Schöneberg

9 Jahre vorbei.
Wehklagen und Erinnerungen.
Nun einerlei.
Mich ruft eine neue Zeit.
Ein Abenteuer wartet
Und der Abenteurer steht bereit.

20er

Berlin, eine Stadt,
die nur noch
Habitus hat.

Erhobenes Haupt,
Erhobener Blick,
Innerlich erstickt
Am eigenen Selbstmitleid.

Arroganz tanzt
In jedem Club.
Sie ist der Stempel,
Der Einlass bringt.

Berliner Mädchen

Unsere Frauen sind
am schönsten anzuschauen.
Sie sind der wahr gewordene
Playboy Traum.
Atemberaubend!

Lichtenberg

Nein! Niemals wieder ihr.

Zu lang. Zu hart. Zu hinterhältig
und gezielt,
habt ihr mich an der kurzen Leine
geführt;
ausgebeutet und hintergangen.

BRD

Tränen, Träume, Sonnenschein.

Tage der Blüte mit
Einem schmerzenden Innenbereich.

Privilegierte Bürger*innen
Zerstoben vom psychologischen Stress.

Reichste Welt, die alles hat
Und in der gefühlt jeder Mensch
Gegen alles kämpft.

deutsch

Worte horte.
Meinung verwirf.
Wahrheit ist zart,
Aber triumphiert.

Sie redet in
Falschen Zungen.
All unsere Erkenntnisse
Würden nichts bringen,
Wenn unsere Sprache stirbt.

Karow

Die Wolken grau am Horizont.
Grüne Bäume verstecken sich
Hinter unansehnlichen Bauzäunen.
Der Bahnsteig reiht die
Menschen getrennt voneinander.
Ein Mann mit Hund ist
Die einzige Attraktion.

Mauerpark

Graffiti ist bunt:
Farbe macht gesund.
Gleichzeitig verboten,
Denn teure Medizin
Lässt Rendite explodieren.

Gentrifikation

Berlin bedeutet Baustelle.
Das ist längst seine Definition:
Ineffizienz.

Fremde Kulturen kolonialisieren,
Hofiert von einem System
Auf der Suche billiger Arbeitskräfte.

Allumfassendes gentrifizieren;
Unaufhaltsames yuppisieren.

Vier Weddinger Engel

Festungen der Liebe
Erfroren in Hass.
Der Tod folgt den Hieben,
Der Täter wurde nie gefasst.

Sie sterben wie Karnickel.
Sieh dir ins Gesicht.
Dein Leben ist ein Pickel.
Deine Würde zerbricht.

Blinder Sprung vom Turm.
Beton, der zerbricht.
Deine Leiche frisst ein Wurm.
Kinder weinen um dich.

Heimfahrt

Augen so fremd.
Ich, ein Mann mit Hemd.
Die Bahn ist voll.
Sie tut, was sie soll.

Eiserne Schlange auf Strom.
In der Masse wie verloren.
Tausend fremde Augen,
Die verloren schauen.

DHM

Eine Reise durch Jahrhunderte.
Reiche entstehen. Reiche vergehen.
Völker, die sich erheben.
Völker, die untergehen.

Geschichte gedacht gemacht;
Erdacht von den heutigen,
Projiziert von den Siegern,
Geglaubt von den Narren
Und doch und deshalb wahr.

Riesiger Kran

Draußen wird gebaut.
Jeder Morgen ist versaut
Mit dem Krach der Bagger
und der Bauarbeiter Geschnatter.

Ein neues Haus entsteht.
Im Alten hatte niemand gelebt.
Berlin wird grundsaniert,
Bruchbuden wieder renoviert.

Überall stehen die Bauzäune
Und verdecken unsere Bäume.
Diese Stadt ist mehr Baustelle
Als duftend, grüne Welle.

Katermorgen

Verborgen hinter Brillen
Schleichen. Der Kater schreit.
Gestern war mein Körper willig.
Heute hat er sich verweigert.

Lange Nacht. Kurze Röcke.
Schweißgebadet erwacht.
Zu viele Kulturschöcke.
Mit zwei Asiatinnen gelacht.

Ein zentnerschwerer Kopf.
Die Leute starren schon.
Hab die ganze Nacht gerockt,
Heute gibt es den Lohn.

Gesundbrunnen

Zeitstrom
Bahnhofsklo
1 Euro Essen
Feierreste

Montagmorgen
Beginn der Sorgen
Ende der Freiheit
Dreist!

Einkaufstüten
Grummelmützen
Die Bahn steht
Frust erbebt

Immer Montags
Ruft der Arzt
Immer Montags
Ersehn ich Lottoglück

Pianospieler

Sonne.
Platz am Vulkan.
Ein Mann schreit sein Kind an.

Das Essen dauert.
Grummeln im Magen.
Chillen an freien Tagen.
Zuhause im Kiez.

Müßiggang.
Nichts geplant.
Einfach treiben und
Sich Kilo Junkfood einverleiben.
Bleib vegan:
Tu es den Tieren nicht an!

Immer noch im Kiez.
Es riecht hier mega mies.
Ist noch kein teurer Bezirk:
Bevor die Gentrifikation beginnt.

Sommer, Sonne, Sonnenschein

Die Sonne brennt.
Die Stadt schwitzt.
Keine Wolke in Sicht.

Alle sind am Strand.
Manche grillen im Park.
Selbst der Beton strahlt.
Dazu hat die Sonne Kraft.

1.Juni

Die Blätter wehen im Wind.
Die Hitze steigt geschwind.
Es wird ein heißer Sommertag,
An dem ich an den Strand fahr.

Die Decke haben wir eingepackt,
Müssen nur noch zum Wannsee fahren.
Endlich können wir in der Sonne aalen
und ein paar Bier leeren.

Gericht an der Turmstraße

Ich träume von Gerechtigkeit.
Derzeit hör ich die Ketten rasseln.
Wäre es nur endlich vorbei
Und ich nicht vorm Richter faseln.

Spräche mich der Richter frei;
Ich würd´ mich ewig freuen.
Dann werd ich glücklich sein.
Er wird es nicht bereuen!

Sommernächte

Sommernächte sind herrlich warm.
Heißer ist nur mein geliebter Schwarm.
Ich umgarne ihren zarten Hals
Und umarme und küsse sie gleich.

Wir ziehen durch Berlins Straßen.
Touristen streifen durch die Gassen.
Wir laufen Händchen haltend,
Um uns lauter Großstadtgestalten.

Konsumwelten

Menschen konsumieren.
Körperberge walzen
betonierte Plantagen platt!

Seelenfetzen zerreißen.
Nachts kreischen Weiber.
Des Jungen Schmerz
Entlädt sich in einem Rausch
Nackter, roher Gewalt.

angestarrt

Mein Heimatgefühl steht still,
Wenn ich all diese Ungerechtigkeit
Weiter ertragen soll!

Mauerreste

Berlin;
Ach je
Geht bis Jotwede.

Hauptstadtkind:
In der Bordsteinrinne.
Jugendträume schwimmen.

Mutterkuh:
acht zugleich
In Dreiraumwohnung.

Endlich

Heimatland
Strahlt.
Doch eines
Tages rinnst du
Wie Sand
Durch meine Hand.

Wir

Bezirke, Kieze,
Blocks, Hausaufgang,
Meine Wohnung.

Einer unter vielen.
Viele gemacht
Aus Einzelnen.
Dazwischen unsere
Freundeskreise.

Crews

Berlin Rap
Ist fett

Berlins Blocks
Sind harter Stoff

Die Leute hier
Haben den besten Stil

Das Leben läuft
Wie geträumt

Filmreif ist
Jedes Gesicht

Danke Panke

Ein kleiner Autor sitzt an einem Fluss.
Es ist der Fluss seiner Geburt.
An ihm saß, spielte und träumte er als
Kind.
In ihm fließen die Bilder seiner Fantasie.

Werden seine Worte etwas bewegen,
Fragt er sich, während das Wasser fließt.
Ein Blick auf die Welt verrät ihre
Vergänglichkeit,
Gleich der Panke ist sie ein ständiger
Fluss.

Panke, ich danke dir für meine
Kinderstunden.
Panke, ich danke dir als Monitor meiner
Fantasie.
Meine kleine Kristallkugel; in dir seh´ ich
die ganze Welt.
Panke fließe fleißig weiter, beflügel jeden,
wie einst mich!

Nur eine Bank

Eine alte, hölzerne Bank bot mir Platz.
Ich setze mich und fühle das Holz.
Ihre Kerben erzählen eine Geschichte.
Geschichten sind des Universums Schatz.
Diese Bank erzählte mir ihre voller Stolz.
Es waren wunderschöne und lustige
Berichte.

Stawowski

Das Monster.
Der Verbrecher und Übeltäter.
Der Sack, der Arsch, die Ratte,
Canaille, krumme Stange, Schlitzohr,
Lügner und Hochstapler.
Geh! Lauf! Verkrümel dich.
Das letzte Loch ist noch
Zu gut für dich.

Tunnel, Wolkenkratzer, Kopfsteinpflaster

Menschen.
So weit das Auge reicht.
Menschen.

Großstadtgefühl.
Alles ist überdimensional, hell und laut.
Großstädte sind kühl.

Mietskasernen.
Wie Ameisen leben die Anonymen.
Einsam sterben.

Erben sparen.
Verscharrt in einem anonymen Grab.
Endlich vereint.

Clubbing

Wildes Herz-Grufti.
Tanzen im Club.
Mainstreamkult.
Hau raus den Fuffi.

Die Nase puder-voll.
Wackel mit dem Arsch.
Nasenscheidenwand ist zart.
Los Druffi proll!

Am Bucher Bahnhof

Ein grüner Birkenbaum,
So schön anzuschauen,
Steht im Felde.
Ich sitze in bälde
In seinem Schatten
Auf bastigen Matten
Und dichte dir Worte
Der romantischen Sorte.

Berlin 2018

Eine Stadt stirbt.
Zuerst starben die Bäume.
Dann starben die Füchse.
Dann gingen die Armen.
Zuletzt verkaufte sie ihr Herz.

Berlin,
Das ist ihr Name.
In meiner Jugend:
Harte Schale und doch
Eine Stadt mit Herz.
Heute:
Schickimicki und
Aller Guten Schmerz.

2020

Ständige Quarantäne
Brachte uns Migräne.
Der Lockdown kam,
Zu wenig Covidioten starben,
Aber leider litten viele,
Eingesperrt in ihre
Quartiere.

Oranienburger

Yuppie Hochburg Friedrichstraße:
Hier leben die Menschen,
Die die Macht und Geld haben,
Gerechtigkeit zu schaffen!

Aber all die schönen Sachen,
Die sie täglich machen,
Gelten ihrer Raffgier und
hedonistischem Narzissmus.

Großstadtpunker

Der Sonnenschein in der stinkenden Stadt.
Hier hab ich meine Jugend verbracht.
Mit buntem Haar saß ich am Straßenrand
Und erbettelte mir allerhand.

Frei war ich und ungebunden.
Mein Alltag war mir nicht aufgezwungen.
Ich tat, was immer ich wollte
Und küsste viele Punkerbräute.

Frei war die Welt und einfach das Leben.
Doch so konnte es nicht immer gehen.
Manchmal sehne ich mich zurück
Nach dem punkig, jugendlichen Glück.

Alter, heller Stein

Die vielen, kleinen Spatzen,
Neben denen Menschen quatschen,
Auf steinernen Bänken
Neben unbekannten Fremden.

Der alte Gendarmenmarkt,
Von echten Berlinern verkannt,
Ist ein Ort für Touristen
Und unbequeme Journalisten.

Der alte Pflasterstein
Trinkt nachts den Wein,
Den Verliebte umwarfen,
Bevor sie sich paarten.

Ruhm und Ehre Preußens
Umfängt die lieben Leute,
Die hier am Tag spazieren,
Wo einst Gendarme schwadronierten.

Gendarmenmarkt

Ein zwitschern und glitzern
Der Sonnenstrahlen.
Mitten im April. Mitten in Berlin.
Die Sonne scheint so schön,
Als könnte niemals mehr
Ein Unglück geschehen.

240er

Busse rollen durch die Stadt.
Ihr Gelb ist mir sehr vertraut.
Sie haben mich oft heim gebracht,
Selbst mit alkoholisiertem Blau.

Das monotone Summen der Motoren
Und ihr gleichbleibendes Bimmeln
Sind vertraut für meine Ohren.
Dieses Wackeln lässt mich kribbeln.

Großstadttaten

Warten ohne Garten
Bevorzugt werden die zarten Grazien

Explodieren
Im Warteschlangenmodus
Ist normal
Passiert jedem von uns mal
Lamentieren
Mit der Kassenfrau
Nix geht – alles steht

Letzter Atemzug

Am Ende deines Lebens
Wird man alles zählen,
Dass du an jedem Tag getan.
Dein Herz gewogen,
Nach dem Maß der Liebe,
Dass es in sich trägt.

Grüner Rasen zwischen Plattenbauten

Die Tage vergehen.
Einer verstreicht nach dem anderen.
So geht es das ganze Leben.
Soll das alles sein?

Menschen treffen sich.
Sie sehen sich an und reden.
Menschen trennen sich.
Am Ende müssen wir
Von allen Abschied nehmen.

Tausend kleine Kinderaugen
Sind wie kleine Seifenblasen.
Ihre Träume könnten platzen.
Aber als Erwachsene könnten sie
Auch wirklich Großes schaffen!

Buddelkästen

Das Rauschen der Kinderstimmen klingt in meinem Ohr. Ihr Leichtsinn trägt mich davon. Ihre Welt ist zart und rein. In diesem Land sind sie Kind, hier darf man das noch sein.

Die Welt, sie brennt in des Kindeshand im weiten, fernen Land. Der Klang ihrer Klagen ist stumm. Der Ledergürtel und die Jurte haben sie gezähmt. Nichts prägt mehr als der Hunger und die Angst.

Ich höre dieses freudige Schreien und gespielte Weinen. Manchmal gibt es eine Schramme. Die kleine, wilde Blume nahm die große Sonnenblume und blutete dann. Der riesige Kuschelbär zaubert Lächeln.

Zwei Nasen

Mein Freund: du und ich.
Wir sind.
Unsere Herzen schwingen.
Gemeinsam herzen
Wir uns.
Meine Hände reich ich.
Deinen Kopf küss ich.
Mich verlier ich
In uns.

brandneu

Sie werden Geschichten über uns erzählen.
Wir waren nicht, was sie sagen.
Ein endloser Strom des hier Seins.
Dieses Abenteuer ist unseres.
Nur wir haben das alles erlebt.

Boxi

Menschen. Begegnungen.
Bars. Mate und Wein.
Das ist Friedrichshain.

Altes Pflaster. Neue Blocks.
Betrunken gekotzt.
Nase pudern und
Zum nächsten Luder.

Nachts im Morgen;
Tief ins Dasein schau´n
Auf LSD oder straight edge.
Bis zum Ende wird
Auf dem Boxi wild gesteppt.

H. Newton

Zoo. Bahnhof. Prostitution.
Nicos Ziehsohn. Lohn.
Ein Po. Ein Schwanz.
In der Ecke. Verrecke.

Armut treibt. Drogen.
Retten in die Mission.
Seelsorge. Seelenfänger.
Versagt. Das System.
Leben. Ohne Perspektive.

Gleise im Dreck.
Alte Mütter. Nett. Einsam.
Lebenslang. Gefangen.
Berlin im Winter.
Beim Bahnhof dahinter.

friedrichstr.

Comic lesen im Dussmann.
       Träumend!
Wie ich die Kreuzung
Der Straße aufreiße
Und einen Baum pflanze.

Kein lebend Grün in Sicht.
       Tote Stadt!

Zombies, die marschieren,
Gehetzt von Terminen.
Kein Grün.   Keine Frischluft.
Kein Mensch mit Herz,
Der in dieser toten Stadt
       nicht zerbricht und
Sein wahres Selbst
Unwiederbringlich vergisst.

Mitte

Hab´s in die stickige Bahn geschafft.
Menschentrauben rauben sich selbst den
Nerv.
Bin über den nassen Asphalt gerannt.
Mich fesseln die Kleider der Frauen
Selbst noch in ihren Regen-Outfits.

Zwei Weiber sind scharf auf mich.
Welch Lebensglück?
Immer sind es zwei oder es ist keine!
Doch nie ist es die eine.
Oder seh´ ich sie nicht?

Laufstege – Asphaltwege

Eine Stunde in der Innenstadt
Autoabgase getankt.
Einmal über´s Pflaster gehen
Und tausend Abfälle sehen.

Nach oben in den Himmel spähen,
Doch nur Wolkenkratzer sehen.
Aus Stahl und Beton gebaut,
Ist alles Grün ergraut.

Berlin im Stress

Wir sind Gefangene
In den eigenen vier Wänden.
Draußen ist das Leben tot.
Abstand gilt und
Berührungsverbot.
Weihnachten, Silvester und
Ausgangssperre.
Drinnen warten Langeweile
Und Wahnsinn.
Er geht auf und ab
Wie im Hamsterrad.

Altes, grünes Haus

Wohnung an Wohnung reiht sich.
Sie sagen, wir sind wie Ameisen.
Aber Ameisen kennen sich.
Wir sind Fremde. Jeder hier
Lebt für sich.

Wir haben Mauern, Wände
Und Dächer gebaut,
Um uns zu schützen
Vor Kälte und Wind.
Wollten wir uns auch
Schützen vor der Verletzlichkeit,
Die Liebe mit sich bringt?

Jugend

Das Leben hat mich wieder.
Es hatte mich verschluckt,
Mit Haut und Haaren aufgegessen.

Harte, dunkle Tage kamen.
Es dauerte Jahre,
Ehe sie vergingen.

Träume von einem besseren Leben
Waren der einzige Zucker
In tausend, trüben Tagen.

Es ist vorbei. Die Sonne scheint.
Ein Lächeln in meinem Gesicht
Kündet von neuem Licht.

Kinderbanden

Wir radelten über Stock und Stein.
Die Felder strahlten endlos grün.
Wir wollten niemals wieder heim.
Die Gräser begannen zu erblühen.

Lang sind diese Tage vergangen.
Wir waren fast täglich zusammen.
Wir liefen schnell mit roten Wangen.
Meist haben wir im Viertel rumgehangen.

Ihr ward die ersten meiner Freunde.
Ich würde euch gern wiedersehen.
Doch das bleiben unerfüllte Träume.
Ich kann die Zeit nicht zurück drehen.

Friedenstal

In einem Tal des Friedens wanderte ich
Und magische Ströme durchzuckten mich.
Kräfte ferner Welten begannen zu walten;
Es waren überirdisch, mächtige Gestalten.
Sie säten die Samen heiliger Wandlung.
Es war des Friedensmeeres Brandung.

Neukölln

Endlose lange, dunkle Straßenschluchten
Mit Kindern, die an ihren Handys suchten.
Papier und Dreck liegt auf den Straßen.
Nichts ist so selten wie sauberer Rasen.
Hundekot stinkt schlimm, wenn's regnet.
Niemand, der sich ohne Vorurteil begegnet.

Märzschnee

Der Schnee fällt.
Kopfsteinpflasters
Harte Schritte.

Am Fenster des Cafés.
Ich sitz. Du stehst.
Siehst mir zu;
Denkst ich merk nichts.

Ein großes Fenster.
Schönhauser Allee.
Menschen waten im Schnee.
Ein paar Hipster-Gangster.

S-Bahn

Nervende Kinder.
Ohrenschinder
Regt mich auf.
Werd gleich laut.
Will sie loswerden
Oder besser gleich
Sterben.

Hauptstraßen

Hin und her.
Straßenlärm.
Autos rasen.
LKW´s fahren.
Fahrräder schleichen.
Fußgänger weichen.

zuhause

Heimat.
Längst vergessen.
Fast vertrieben
Vom System.

Heimat.
Alte Gefühle.
Kindheitsträume.
Einst hart erwacht.

Heimat.
Mutter und Vater.
Einer schon tot.
Viele Freunde.

Heimat.
Geburt und Tod.
Kehr ich heim oder
Bleib ich fort?

Tradition

Wenn die Familie zusammen sitzt
Und alte Geschichten neu erstrahlen.
Wenn die Familie Kuchen isst
Und alle sich am Glück laben.

Wenn die Familie sich wieder trifft
Und Verbundenheit lebendig wird.
Wenn die Familie gemeinsam spielt
Und jeder Würfel übers Brett wirft.

Dann ist Ostern, Weihnachten
Oder Geburtstag feiern.

Die Mark Brandenburg

Die verdiente Fahrt ins Grüne.
Seit Generationen fliehen Berliner
An den Wochenenden in die Mark.

Wohlverdiente freie Stunden
Nach Tagen harter Arbeitsqual.
So ist die Sitte. So die Tradition.

Ein fetter, grüner Speckgürtel
Bietet dem Emporkömmling Heim.
Dem Berliner ist er Ruhestätte.

Inkompetente Jurisprudenz

Um mein Recht betrogen.
Es wurde brutal gelogen.
Ich wurde angegriffen.
Vom System zerrissen.

Es lohnt kein Hoffen.
Ich bin betroffen.
Ungerecht entrechtet
Vom System geknechtet.

Treptower Park

Ein Boot am Fluss
Gut in Schuss.
Lass uns paddeln.
Eine Reise machen.

Um die Wette rudern.
Enten tun sich aufplustern.
Kleine Wellenberge
Und Mücken ärgern.

Wir rudern weiter
Ohne scheitern.
In die Riemen legen
Ohne aufzugeben.

Strömende Flüsse.
Am Rand Gebüsche.
Campen am Strand
Und schlafen im Sand.

Lieblingsbar Chaostheorie

Ein Kaffee in der Promenade.
Im Radio singt Elvis schmalzig.
Die Currywurst ist leicht salzig.
Mein Hund pisst gerade.

Wir sitzen hier zusammen;
Gewannen Cocktail Flammen.

West-Berlin

Gangster Sprüche.
Harter Rap.
Kleine Kinder, die glauben,
Was nur Fantasie war.

Der Kleine kennt die Wahrheit nicht.
Eine Dummheit, schon Gericht.
Der Traumberuf ist vorbestraft weg,
Nur weil Pseudos Lügen texten.

Geh Ost

Wer bist du?
Und wer bin ich
in dir?
Heute, gestern, morgen?

Tage fliehen in den Norden.
Leben stürzen im Süden.
Im Osten strahlt das reine Licht.
Adé o´West-Berlin.

Adé Wedding

Geschafft
Vollbracht
Zu Ende
Vorbei
Das war´s

Leb´ wohl altes Stück.
Ich blick zurück,
Sag dank
Und leb´ wohl!

Friedrichshain

Der Boden aus Holz.
Ein schöner Bezirk.
Die Luft aus Gold.
Ich fühl mich gut.

Ein neues Viertel
In der großen Stadt,
Wie frischer Mörtel
Auf meinem Lebenspfad.

Altes Friedrichshain.
Schwester lebte einst hier.
Nun ist es mein Heim
Und wird neu tapeziert.

Charlottenburg

Eine neue Welt beginnt.
Studentenwohnheim,
dann Verbindung …

Das Alte?
Fort! Vergangen …

Tage der Entdeckung.
Studentenweiber.
Ein Lächeln. Freudentränen.
Fechten mit den Besten.
Sieh!

Großstadtherzen

In dieser großen Stadt,
In der jeder ist in Hast
Und tut, als hätte er´s geschafft.
Kann hier wahre Liebe besteh´n?
Ist diese Liebe nicht verdammt,
Mit Glanz und Gloria unterzugehen?

Die alte Wohnung

Die letzte Nacht.
Ein letztes Mal.
Es ist vollbracht.
Zum Ende gebracht.
Was kommt dann?
Niemand weiß's.
Erinnern bleibt.

Umzug.
Neuer Ort.
Neues Glück.
Alles wird ins Licht gerückt.
Komm zu mir;
Tanz mit mir!
Jetzt leb' ich hier
Hinter dieser Tür.

Warschauer Brücke

Links,
Rechts
Und im Kreis.
Hoch,
Runter
Die Arme.
Alle schreien:
Yeah!

Clubluft.
Stickig voll.
Gut und toll.
Alkohol läuft.
Jeder säuft.
Nur manche pudern
Ihre Nasen
Mit örtlichen Drogen.

Bordsteinpoesie

Kummer und Sorgen
Kann ich dir borgen.
Davon hab ich Tonnen,
Die kann ich dir geben.

Falsche Freunde im Leben,
Davon könnt ich erzählen.
In den dunkelsten Stunden
Waren sie verschwunden.

Bei Armut am Besten
Ist das Essen von Resten.
Aber wenn aus sie gehen,
Wie soll ich dann überleben?

Distel: Zirkus Angela

Kabarett:
Zarter Schnee
In der Nase.

Politisches Desaster
Und Wort-Ekstase
Fegen durch die Manege.

Diese kritischen Stimmen,
Die jetzt musikalisch erklingen,
Sollte die ganze Nation hören,
Statt sich nur am Wetter
Zu stören.

M10

Mitten in Berlin
Warten auf die Tram.
Neben mir ein Mann,
Vielleicht auch eine Frau.
Wer weiß das heute schon genau?

gelb, rot, braun

Ich ging die Allee entlang.
Wild flog das Laub des Herbstes.
Gemalt war ein Bild der Stadt
In den Farben des warmen Spektrums.

Warm strahlt die Herbstsonne.
Mich wärmen gute Kaffeegetränke.
Ich sitze auf einer Bank
Und blicke auf die alte Spree.

Noch immer ist diese alte Stadt
Ein Schauspiel diverser Baustellen.
Doch ich sehe mich nicht satt
An ihren Nischen und Winkeln.

Stadtgesichter

Zwischen Träumen und Schäumen;
Die Straßen entlang laufen und
Dosen mit den Füssen kicken.

Wenn Erwartungen wieder kollabieren,
Ziehe ich mich zurück zum zocken
Und entfliehe ihrer Welt.

Am Tresen mit Molle und Korn sitzt
Neben mir mein bester Freund.
Zusammen können wir träumen.
In unseren Worten ist alles wahr.

Damals 45´ und heute

Tatü Tata die Polizei ist da.
Manchmal bist du guter Helfer.
Manchmal bist du böser Täter
Und hilfst den Diktatoren
Und Invasoren unser Volk
Zu unterdrücken.

Silvester

Zu tief drin
Für Krach, Boom, Peng
In mir.

Zu leise
Für den Lärm der Stadt
In mir.

Gesammelt
Während andere feiern
In mir.

Yoyo am Boxi

Mein Lieblingsdiner.
Burger. Pommes. (Pizza).
Aber alles vegan
Und regional.
Sozial angehaucht
Und ausstaffiert.
Ganz und gar
Gegen den Konsumwahn.
(Putzt mal den Ventilator!)

Dönerbude

Ein schmutziger Koch vor mir.
Migrantenfrass. Billig und schnell,
Weil es nicht anders geht.

Kapitalismus und Gentrifikation
Haben Familienbanden zerschlagen.
Die familiären Herzen wichen
Den Konsumbergen.

Sonst hätten wir gesessen
Zusammen zum Essen.
In Eintracht vereint.

Nun sind wir nur noch bereit
Für die neuste App, den Serien-Act,
Für neue Sneaker zu frisch geschlachteten
Bio-Wurst Spickern.

Berliner Winter

Kalt
Der Schnee
Großstadt
Tut weh

Kalt
Das Herz
Obdachlose sehen
Schmerzt

Kalt
Unsere Liebe
Warm
Nur alte Triebe

Kalt
Der schrille Schrei
Dann ist´s Leben
Vorbei

Februar

Einsam. Verschneit. Dickes Eis.
Dann befreit, enteist.
Der erste Regenbogen fällt,
Der nicht mehr gefroren ist.
Es klopft ganz zögerlich
Der neue Frühling an.

Wenn die Tage länger werden;
Menschen nicht mehr stecken
In Klamottenbergen und
Die Sonne wieder wärmt.
Dann fängt der Teil des Jahres an,
In dem du draußen tanzen kannst.

Staub Sachsenhausens

Kein Vergeben – kein vergessen
All der Naziverbrechen.
Tote mahnen!
Die die Leben nahmen,
Sollen leiden,
Indem sie weinen
Über ihre Taten.

Staufenberger

Ein Kranz
An der Wand.

Erschossene Männer!
Männer, die Schande
Über ihr Land brachten
Und die Tugend am
20 Juli ´44 zurückholen
Wollten.

BVG

Tram
Bahn
Voll
Mann

Muffe
Nicht nur
In Körpern
Auch in Mündern
Und im Geist

So
Schön
Ist diese Welt
Und das Leben
Auch hier
In der vollen Tram
Lässt sich entspannen

Dennis, Jessika; Ronny

An jenen Tagen kannte ich die Welt noch nicht. Ich kannte nicht den Kummer, die politischen Zwänge und den Sog der Fraktion.

Ich war jung. Meine Welt war meine Straße und die Blocks drum herum. Mit meinen Engsten schleppte ich Steine und verband Bäume, um eine Bude zu bauen.

Die Tage vergingen. Naiv erscheinen sie heute. Klein und unwissend; und doch waren es Tage in einer besseren Welt.

Charakterschwächen

Baustellenmarathon.
Kein Vorwärtskommen.
Überall die Absperrschilder
Und Autos der Maurer.

Der Krach ist unausstehlich.
Es nervt allmorgendlich.
Die Stadt ist eine Baustelle;
Nervt und stresst und wächst.

Gäng

Jung
Dumm
15 Jahr
zart
und
Verwegen

Niemand
kann
uns
Bremsen

Wir sind
die Könige
Der Welt

Jeder
Ein Held
in unserer
Kleinen Welt

Die
Blocks
sind Mauern
Für unser
Revier

Hier
Herrschen
wir

Guten Morgen

Brumm brumm.
Klack klack.
Zu früh erwacht.
Laute Stadt.

Tatü Tata.
Die Bullen sind da.
Krieg kein Schlaf.
Scheiß Stadt.

Die Schreier und
Ihre ewige Leier.
Auch die Betrunkenen
Haben nachts gesungen.

Keine Nacht,
In der ich nicht erwach
Vom Geschrei
Unten vorm Fenster.

auf ausgetretenen Pfaden

Heimat.
Gefühle.
Aufsteigende Erinnerungen.
Längst Verstorbene.
Freunde, die leben und doch verloren.

Heimat.
Der Weg jeden Wesens.
Traurig, wer keine hat.

U-Bahn Momente

Übertöne – Zwischentöne.
...und dann die Augen,
Den solltest du nicht trauen.

Harte Worte – härtere Gesten.
Fremdenhass gilt oft dem Nächsten.
Zum lieben geboren, dann verrohend.

Verachtung in seiner Mimik.
Es ist leicht verstörend.
Er guckt ultra, brutal grimmig.

Berlin ist ...

Berlin ist, wenn Kotze in der Ecke liegt,
Die der nächste Regen wegspült.
Berlin ist, wenn die Drogennutten
Beim Kurfürsten stehen.
Berlin sind die dicken Schlitten,
Die niemals arbeiten gehen und von deren
Nicht-Steuern keine Hartzer überleben.

Berlin ist der Charme von nächtlichen
Psycho-Schreiern und Bettlern, die an
jeder Ecke existieren.
Berlin ist ein Meer an Baustellen, die als
ABM Stellen dienen, wie beim Hitler die
Autobahnen.

Fitness-süchtige Stadt

Alle hier trainieren.
Ackern wie die Tiere.
Jeder ist am schwitzen.
Schwere Gewichte liften.

Stramme Muskeln spannen.
Hanteln, die laut knallen.
Die Waage entscheidet.
Der Spiegel beweist´s.

Berliner Bäder Betriebe

Rein ins kühle Nass
- plitsch platsch -
Tief eintauchen.
Wasser aus der Nase stauben.

Mit Brust voran schwimmen.
Eisern die Ausdauer trimmen.
Die Kiemen kommen schon.
Das Schwimmen hat sich gelohnt.

Hölzerner Thron

Auf einer Bank sitzend am Morgen,
Betrachte ich die vorbei ziehenden
Wolken.
Die Sonne ist gerade aufgegangen,
Aber ich bin in meinen Gedanken
gefangen.

Es rumort in meinem kleinen Herzen.
Auch die Seele steht in heller Aufruhr.
Die Kraft des Morgens beruhigt mich.
Das Zwitschern meiner Freunde tut das
übrige.

Es brechen die ersten Sonnenstrahlen
Durch das lichte Wolkendach.
Die Tageszeichen mögen mich warnen,
Aber ich weiß, zwischen den Ritzen wartet
Glück.

Zwei Bäume im Park

Es dauerte 36 Jahre, bis ich das Rauschen der Bäume hörte und zu schätzen lernte.

Der bezaubernde Moment, wenn das Rascheln der Blätter beginnt und mich von aller Last befreit.

Vorher war ich ein Medien Sklave. Ein Sklave der Audio Geräte. Ein Sklave des Fernsehens. Ein Sklave billiger Handy Apps.

Das alte Berlin

In Form.
Genormt.
Ein Einzelstück.
Verrückt.

Reih und Glied.
Sieg.
Stahlgewitter.
Verbotenes Geflüster.

Menschen fliehen.
Ruinen.
Fahnen brennen.
Arische rennen.

Entropie; nicht Reih und Glied.
Kein Sieg
Und nie wieder Krieg.

Liebe muss siegen,
Sonst sollten wir verlieren.
Ein Friedenslied
Erklingt auf dem Friedrichsweg.

Halenseer Cadillac

Mitte Schicki Micki. Zentrum der
Deutschen Macht. In Neukölln und
Schöneberg steckt noch immer des Assi
Migrantentums Rest. F-Hain, P- und X-
Berg sind´s; denken sie. Besoffen tägeln
und nächteln und high. Marzahn,
Lichtenberg, Hellersdorf im sowjet-
russischen Naziabschaum. Geh mal ins
alte, rote Wedding.
Außerhalb des Rings lebt Hinz und Kunz.
Speckgürtel. Jotwede.
Stolpersteine und Mauerreste. Die Schulze
sterben aus. Gentrifikation steht an den
Wänden jedes Bezirks. Außer in Steglitz-
Zehlendorf und im Grunewald, dort gab´s
echte Armut nie.
Mehr und mehr gleicht jeder Bezirk dem
anderen. Wer beim Gedenken an die
einstige Verschiedenheit von
Gleichschaltung spricht …

sozialer misSstand

„Gibt es noch echte Berliner in Berlin?",
das ist die Frage, die derzeit jeden quält!
Nach Jahrzehnten der Vertreibung,
Gentrifizierung und Kolonisation gibt es
kaum noch einen, der als waschechter
Berliner zählt.

Zufälle gibt's

Vielleicht ist es Zufall, deutsch zu sein.
Vielleicht ist es Schicksal, in einer Heimat
geboren zu sein.
Vielleicht ist es ein großer kosmischer
Plan, der hinter allem verborgen liegt.

Preußenbalg

Ich bin nur eine Geschichte!

Eine kleine Geschichte.
Eine Berliner Geschichte
Und eine Deutsche.
Eine Geschichte auf dieser Erde,
In diesem Universum an einem
Punkt des Zeitenlaufs ...

Adé – Weh

Berlin, Berlin
Nie wieder seh´n

Berlin, Berlin
So schön zum Leben

Berlin, Berlin
Es treibt nach dort
Nur Erinnerung
Lebt fort

Über den Autor

niemand,
niemals,
nirgendwo,
aber als Baby im Bauch
seiner Mutter durch Friedrichshain
gewackelt